AF250906

ÉDOUARD BOINVILLIERS

CATÉCHISME IMPÉRIAL

DEUXIÈME ÉDITION

Prix : 5o Centimes

PARIS

E. LACHAUD, ÉDITEUR

4, place du Théâtre-Français, 4

CATÉCHISME

IMPÉRIAL

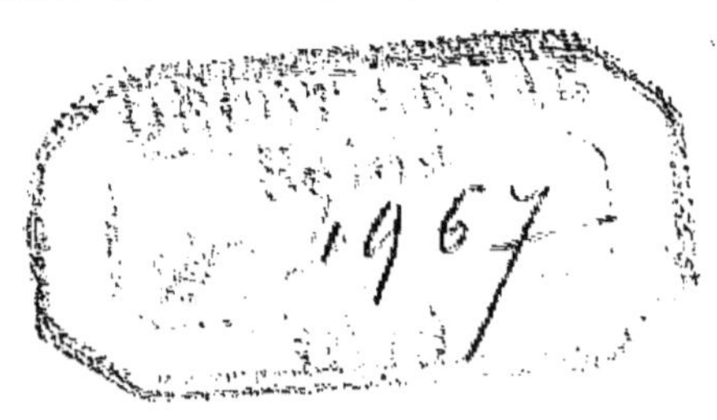

PARIS

E. LACHAUD, ÉDITEUR

, PLACE DU THÉATRE-FRANÇAIS, 4

CATÉCHISME

IMPÉRIAL

Le gouvernement légitime du pays

D. — Pourquoi dites-vous que l'Empire est le gouvernement légitime du pays ?

R. — Parce que les votes qui l'ont créé n'ont pas été infirmés par des votes contraires.

D. — Cependant l'Assemblée nationale souveraine a décrété la déchéance de la dynastie impériale.

R. — La souveraineté de cette Assemblée est limitée au temps de sa propre existence.

D. — Expliquez-vous.

R. — Je veux dire que ce corps politique a déclaré seulement qu'il ne pouvait pas co-exister avec l'Empire.

D. — Qui vous fait croire que ce soit là le sens de son vote ?

R. — Les termes mêmes de ses déclarations, que voici :

« La dynastie impériale est déchue, mais le peuple conserve le droit de choisir son gouvernement » le peuple, aux yeux mêmes de l'Assemblée, conserve donc le droit d'établir à nouveau le régime impérial.

D. — Ceux qui ont mis cette réserve à leur déclaration ne pourraient-ils pas vouloir, aujourd'hui, affirmer de nouveau la déchéance sans cette réserve, et déclarer, par exemple, que, dans le vote à intervenir, tout bulletin portant le nom de l'Empereur sera nul ?

R. — Il est difficile de supposer que la majorité conservatrice veuille pratiquer, à ce point, la politique de M. Gambetta.

D. — Cependant, si elle voulait suivre ses traces, qui pourrait l'en empêcher ?

R. — Personne, assurément.

D. — Alors, l'Empire, si légitime que vous le supposiez, aurait bien peu de chances d'être rétabli par un vote populaire.

R. — L'injustice évidente du procédé pourrait bien, au contraire, lui concilier de nombreuses sympathies, et il est probable que les 7 ou 8 millions d'électeurs qui ont voté en sa faveur trouveraient fort mauvais qu'on fasse aussi peu de cas d'une opinion qu'ils n'ont pas été à même de confirmer ou de désavouer.

L'hérédité et le suffrage universel

D. — Comment conciliez-vous l'hérédité dans la famille impériale avec le suffrage universel ? N'y a-t-il pas là une contradiction ? le vote de la génération présente paralysant la liberté des générations futures ?

R. — La contradiction n'est qu'apparente, car le vote de la nation en faveur de l'hérédité ne veut pas dire autre chose que ceci : *jusqu'à ce que le peuple en ait autrement ordonné, les princes de la famille impériale se succéderont héréditairement.* L'avenir n'est donc nullement fermé par cette déclaration ; il en est de la Constitution votée par le peuple et modifiée par lui, comme d'une loi ordinaire, qu'un législateur a établie et que son successeur peut modifier.

D. — En se plaçant à un point de vue tout à fait opposé, est-ce que cette monarchie impériale ainsi soumise au caprice populaire n'apparaît pas comme une création bien instable ? Reconnaître au peuple le droit de renverser sa Constitution, n'est-ce pas déjà lui donner l'envie de le faire ?

R. — Il n'y a que deux manières d'asseoir sur le sol une dynastie ; la conquête ou le vœu populaire.

Le retour de l'Empire

D. — Pourquoi dites-vous que l'Empire reviendra ?

R. — Parce qu'il n'est pas possible d'établir un gouvernement régulier en France sans lui donner pour base l'assentiment du peuple.

D. — Quelle preuve avez-vous de l'assentiment du peuple au retour de l'Empire ?

R. — Le fait historique et le fait contemporain. En effet, depuis 1789, le peuple a toujours voté pour l'Empire et aujourd'hui encore tout le monde pense qu'il agirait de même ; républicains et bonapartistes se montrent d'accord sur ce point, les uns en repoussant, les autres en souhaitant l'appel au peuple.

D. — Mais si l'Assemblée actuelle, ou toute autre qui lui succédera, proclamait un régime politique et le soumettait ensuite à la sanction du pays, celui-ci, se trouvant en face d'un fait accompli, n'aurait-il pas une tendance marquée à le confirmer par son vote ?

R. — La nation peut se trouver, il est vrai, dans une situation difficile, ayant à choisir entre un fait qui lui déplaît et l'inconnu.

D. — Dans ce dernier cas, vous admettez qu'une solution défavorable à l'Empire pourrait sortir d'une consultation populaire ?

R. — C'est possible, mais non pas probable.

D. — Expliquez-vous !

L'Empire et la Fusion

R. — Je dis que cette solution n'est pas probable, car il faut admettre, pour qu'elle se réalise, que l'Assemblée trouve dans son sein une majorité monarchique ou républicaine.

D. — Les groupes monarchiques se réduisent à deux, les 40 ou 50 voix bonapartistes ne pouvant pas compter ; supposons ces deux groupes réunis, et l'événement que vous regardez comme peu probable se trouvera réalisé.

R. — Ce qui rend invraisemblable la fusion des deux branches de la maison de Bourbon, ce ne sont pas seulement les dispositions personnelles des princes qui les représentent, c'est surtout la différence très accusée de leurs doctrines.

D. — Ne pensez-vous pas que, devant le succès prochain de l'Empire ou de la République, ce rapprochement ne puisse s'opérer?

R. — La chose est rigoureusement possible

mais les conséquences n'en seraient pas fâcheuses pour nous.

D. — Pourquoi ?

R. — Parce que si la fusion doit se faire, il devient évident aujourd'hui qu'elle se fera au profit immédiat de monseigneur de Chambord et du drapeau blanc.

D. — Qui vous fait croire que la maison d'Orléans ne tiendra pas le premier rang ?

R. — L'état politique actuel du pays, qui a soif d'ordre et qui craint de ne pas trouver dans le régime parlementaire un remède à ses maux.

D. — Admettons votre pensée ; quelle conclusion en tirez-vous ?

R. — C'est que, le jour où la fusion sera faite à la Chambre au profit du drapeau blanc, la cause de l'Empire en sera de beaucoup améliorée : En effet, il faudra bien finir par faire sanctionner par le peuple le vote de l'Assemblée ; et, ce jour-là, l'Empereur et le drapeau blanc se trouvant en présence, le résultat n'est douteux pour personne.

L'Empire et les d'Orléans

D. — L'Empire et la maison d'Orléans portent le même drapeau tricolore ; ne pensez-vous pas que ce parti essaiera de lutter et de vaincre avant de se rendre ?

R, — Je le crois ; mais la maison d'Orléans n'est pas connue du suffrage universel, elle ne saurait donc y avoir recours.

D. — Ne peut-elle pas préparer à son profit une solution parlementaire ? La journée du 24 mai qui a amené au pouvoir un ministère orléaniste, n'est-elle pas un commencement de succès pour ce parti ?

R. — C'est une de ses misères qu'il ne peut combattre à visage découvert, ni dans le pays ni dans la Chambre ; pour trouver des adhésions, il faut qu'il se travestisse en républicain.

D. — Le travestissement admis, ne pensez-vous pas qu'il donne certaines chances à la République, laquelle ne peut pas se passer de conservateurs, et aux d'Orléans qui ont besoin des voix dont dispose la République ?

R. — Je ne le pense pas ; parce que cette combinaison suppose, toujours à la Chambre d'abord, et dans le pays ensuite, une majorité acquise, non pas seulement à la République provisoire, mais à la république définitive.

D. — Pourquoi le parti orléaniste a-t-il besoin pour vaincre de faire proclamer une République définitive ? Ne peut-il gouverner et s'imposer en continuant la situation actuelle ?

R, — Non ; parce que la situation actuelle c'est le pacte de Bordeaux, c'est-à-dire l'exclusion de tous les prétendants jusqu'au jour où ils se présenteront tous au suffrage du peuple.

L'Empire et la République

D. — Abandonnons le terrain monarchique. Si l'Empire n'est menacé ni par la fusion, ni par le parti orléaniste, ne peut-il pas l'être par la République ? Précisons : je ne m'arrête pas à l'hypothèse rejetée aujourd'hui par tout le monde d'une République définitive proclamée par la Chambre actuelle : mais je constate les efforts des républicains tendant à faire nommer au plus tôt une Constituante.

R. — Avant de savoir ce que nous avons à opposer à la réunion d'une Constituante, il est à propos de se demander si cette Constituante se réunira.

D. — D'où vient votre doute à ce sujet ?

R. — De l'attitude même de la majorité de l'Assemblée, qui sait très bien ne pas revenir en nombre suffisant dans l'Assemblée nouvelle, et qui, par conséquent ne la regarde pas d'un œil favorable ; j'ajoute que son éloignement pour cette solution s'augmente de la croyance, très répandue, à une chambre radicalement républicaine.

D. — Croyez-vous donc que la majorité actuelle puisse jamais se rallier à l'idée de l'appel au peuple ? Car enfin, il n'y a que deux manières de terminer la révolution sans violence : la Constituante et l'appel au peuple.

R. — La chose n'est pas impossible, si, au dernier moment, il devient évident pour tout le monde : 1º que la Constituante, en amenant la République, continue le désordre ; 2º que l'appel au peuple, en constituant l'Empire, ramène l'ordre.

D. — Si l'appel au peuple triomphait, votre cause serait évidemment gagnée ; au moins c'est une opinion très généralement partagée ; mais supposons le contraire, et voyons-en les conséquences : N'admettez-vous pas que l'énorme majorité de la Constituante serait radicale et républicaine ?

R. — On ne saurait avoir la sotte prétention de préciser le nombre des radicaux et des monarchistes qui s'y trouveront, mais, en parlant d'une *énorme majorité radicale*, je crois qu'on exagère beaucoup :

D. — Donnez-nous la raison de votre sentiment.

R. — L'Assemblée aura certainement le vouloir et la force d'imposer à tout le monde et aux républicains en particulier des conditions de sincérité électorale dont ils pourraient peut-être se désintéresser : elle sera aidée dans cette œuvre de bonne foi par le pays, qui ne permettra pas que, dans une partie aussi solennelle, on pipe les dés à son détriment ; il est une sorte de moralité facile en usage dans les petits groupes politiques, mais qui n'est pas de mise dans les grandes et décisives consultations populaires : on ne triche pas un peuple tout entier.

D. — Admettons que la sincérité du vote ait été exigée et obtenue par l'Assemblée ; quelle conséquence en tirez-vous ?

R. — C'est que la France des Napoléon pourra lutter librement avec la République.

D. — Cette lutte n'aurait son vrai caractère

que dans l'hypothèse de l'appel au peuple, mais je vous rappelle que nous avons admis la circonstance opposée.

R. — Les deux situations ne sont pas aussi différentes que vous l'imaginez.

D. — Comment cela ?

R. — On se fait une idée très fausse de la condition où vont se trouver les candidats qui brigueront l'honneur de faire partie de la nouvelle Assemblée ; contrairement à ce qui a eu lieu dans le passé, on nommera des députés non pas pour organiser un gouvernement accepté ou subi par tout le monde (comme en 1848 par exemple), mais pour décider sur la question même du gouvernement.

D. — Quelles conséquences tirez-vous de cette situation en effet nouvelle ?

R. — C'est que le candidat sera obligé de répondre catégoriquement à une seule et unique question : *Votez-vous pour l'Empire, votez-vous pour la République ?* de sorte qu'à ce point de vue, et d'une manière, il est vrai, indirecte et embarrassée, ce vote à fin de Constituante aura tous les caractères principaux d'un plébiscite ; la discussion devra inévitablement porter sur un fait et non sur une personne ; le député aura un mandat des plus définis et parfaitement impératif ; on ne

lui demandera pas s'il est libéral ou réaction-
naire, partisan du libre-échange ou de la pro-
tection, amateur des Chambres parlementaires
ou admirateur de Conventions ; on ne cher-
chera même pas à savoir s'il est plein de
qualités ou de défauts, s'il est pauvre ou riche,
noble ou bourgeois, né orateur ou non ; l'élec-
teur sentira bien vite l'inutilité de toutes ces
recherches et de toutes ces précautions, puis-
qu'il ne lui faudra, pour la circonstance,
qu'un commissionnaire fidèle, votant, selon
son ordre, pour la Monarchie ou là République.

D. — Ainsi vous pensez que, même dans le
cas d'une Assemblée constituante, l'Empire y
apparaîtrait comme une force égale ou supé-
rieure aux autres ?

R. — C'est en effet mon espérance ; la bataille, selon moi, devant se livrer entre l'ordre
et le désordre, c'est-à-dire entre impérialistes
et républicains, j'ai confiance dans la réponse
du suffrage universel, qui n'a jamais été favorable à la République.

L'attitude des deux adversaires

D. — Comment, au point de vue pratique,
comptez-vous descendre dans la lice électorale ?

R. — Le jeune empereur signera un manifeste au peuple français, et indiquera clairement sa décision de remettre en honneur la Constitution de 1853. — Ce manifeste sera contresigné par les ministres dont le souverain compte s'entourer si le peuple le rappelle ; il servira aussi de profession de foi unique à tous les condidats qui se proposeront de voter pour le retour de l'Empire ; c'est tout.

D. — Qu'elle sera l'attitude des républicains devant le peuple ?

R. — Elle sera au moins embarrassée, car s'il n'y a qu'un seul Empire connu, celui des Bonaparte, il y a nombre de Républiques telles que celles des communards — des gens du 4 septembre — de M. Gambetta, — de M. Thiers, — des d'Orléans.

D. — Résumons-nous. A vos yeux, l'Empire est le gouvernement légitime du pays. — Il n'y a point de contradiction entre le suffrage universel et l'hérédité impériale. — Le retour de l'Empire est assuré par l'appel au peuple, et encore probable dans le cas de la convocation d'une Assemblée constituante. — Vous ne croyez ni aux légitimistes purs, ni à la fusion, ni aux d'Orléans. — Quant à la République, vous ne la redoutez pas, parce que le suffrage populaire lui a toujours été contraire.

R. — Ce sont bien là mes pensées.

D. — La théorie est cependant obligée de compter avec les circonstances accidentelles et les sentiments qu'elles font naître : c'est vers ce point de vue que je vais appeler votre attention.

L'Empire et les deux invasions

D. — N'êtes-vous pas effrayé, pour le succès de votre cause, du souvenir encore cuisant de nos désastres ? Ne redoutez-vous pas qu'on se fasse une arme contre vous de la double catastrophe dans laquelle ont disparu les deux Empires ?

R. — Je ne mets pas en doute qu'on exploite contre nous ces fâcheux souvenirs.

D. — Songez à ce propos terrible qui circulera partout : *Deux Empires, deux invasions !*

R. — Ce propos serait facile à contredire, si on avait affaire à des gens chez lesquels la bonne foi et les lumières primeraient la passion ; mais je confesse que c'est trop présumer d'un corps électoral quelconque ; aussi, notre cause pourrait se trouver affaiblie par ce mauvais propos, si elle n'avait pas une arme riomphante à sa disposition : tous les malheurs reprochés aux deux Empires avec justice ou sans justice, avec impartialité ou passionnément, n'empêcheront pas cette forme de gouvernement de représenter l'ordre par excellence, au moment où la France soupire après ce bien si précieux : Pour une nation, une défaite n'est qu'un coup ; le désordre permanent, c'est la mort.

D. — Vous venez de dire qu'il est facile de combattre le propos : *Deux Empires, deux invasions* ?

R. — Oui.

D. — Comment?

R. — D'abord en se rappelant qu'avec nos frontières ouvertes de l'Est, la perte d'une seule bataille amène immédiatement une invasion, et ensuite en faisant le compte des invasions que toutes les puissances de l'Europe ont eu à subir depuis le commencement du siècle ; si on veut faire ce travail, on verra que la France n'a pas été plus malheureuse que la Russie, l'Autriche, la Prusse, l'Italie, l'Espagne, la Belgique ou la Suisse ; la seule différence entre ces pays et le nôtre vient de ce que, là, on ne juge pas à propos de renverser les souverains qui ont subi des revers ou commis des fautes; on suppose, sans doute, dans ces contrées que nous estimons barbares, qu'on n'améliore rien en greffant une révolution politique sur une invasion.

L'Empire conservateur

D. — Vous venez de dire que l'Empire représentait particulièrement l'ordre ; sur quoi fondez-vous cette appréciation ?

R. — Elle est fondée en fait et en doctrine.

D. — Parlez-nous du fait.

R. — L'Empire est le régime politique conservateur par excellence, parce que son fonctionnement a garni tout les échelons de l'échelle politique, administrative et sociale de personnalités appartenant au parti conservateur : nos 40,000 maires nos 400,000 conseillers municipaux, nos préfets et nos conseils généraux, nos sous-préfets et nos conseils d'arrondissements, nos députés nos sénateurs, nos conseillers d'Etat, nos ministres étaient assurément, chacun dans son rang, les hommes les plus dévoués aux idées conservatrices ; aussi on peut affirmer qu'aucun gouvernement en France n'a réussi, autant que l'Empire, à donner, sur toute l'etendue du territoire, l'idée et le sentiment de la sécurité.

D. — Donnez-nous une preuve matérielle de cette supériorité.

R. — Sous l'Empire, il faut un sergent de ville et un gendarme là où il en faut deux en temps de Parlement et quatre en temps de République.

D. — Comment expliquez-vous ces différences ?

R. — Quand le pouvoir est très ostensiblement remis aux mains des conservateurs, les hommes de désordre, sachant que toute tentative de leur part serait vaine, ne bougent pas : la répression est donc à peu près nulle.

D. — Comment conciliez-vous cette prétention de l'Empire à être le gouvernement conservateur par excellence, et le reproche qu'on lui fait obstinément, du côté des légitimistes, d'être un gouvernement essentiellement révolutionnaire ?

R. — C'est une manière de parler qui ne saurait tromper que des gens superficiels; en qualifiant ainsi l'Empire, les légitimistes veulent dire simplement qu'il a succédé à la légitimité et l'a remplacée.

D. — Ils ne vous accusent pas seulement d'être révolutionnaire, comme les capétiens l'ont été aux yeux des carlovingiens; ils veulent parler aussi bien de votre origine, que de vos doctrines.

R. — S'ils visent dans nos doctrines : l'accès libre de la propriété à tous les citoyens, la liberté de conscience et le droit de suffrage non restreint, il est certain que nous méritons leurs reproches, mais il est non moins évident qu'ils les mériteraient eux-mêmes s'ils étaient au pouvoir, car il n'y a pas de gouvernement, en France, qui puisse menacer ces conquêtes modernes.

D. — N'avez-vous pas dit que l'Empire est conservateur en principe aussi bien qu'en fait ?

R. — Le gouvernement impérial, en effet, contient la révolution parce qu'il la rassure ; n'étant pas suspecte, par son orgine, à la masse de la nation, il peut plus que les autres dans toutes les directions politiques et sociales : pour la religion, il fait beaucoup plus que n'auraient fait les légitimistes eux-mêmes ; il a obtenu le respect pour toutes les grandes situations de fortune et de naissance ; il a comblé de richesses la bourgeoisie, et donna des preuves si multipliées de sa sollicitude pour les classes pauvres qu'on la lui a parfois reprochée ; il a pu faire le bien de tous les partis parce qu'il ne pouvait être accusé d'être secrétement favorable à l'un d'eux.

Sous cette forme de gouvernement, il est permis, il est de tradition même de rendre honneur et de donner puissance aux trois représentants les plus élevés de la discipline et de la hiérarchie sociale : au prètre, au magistrat, au soldat.

Le légitimiste est trop favorable et le parlementaire trop hostile au prêtre pour lui venir en aide ; des deux côtés, on traite le magistrat de voltairien, ce qui lui assure, il est vrai, un traitement fort différent ; là comme ici, le soldat est bien vu. Quant à la République, elle les déteste tous trois également.

L'Empire et la Liberté

D. — Si l'Empire est conservateur, il n'est pas libéral, et la France paraît aussi éprise de liberté que de sécurité.

R. — C'est vrai, et notre succès est assuré parce que nous sommes aussi libéraux que conservateurs.

D. — Vous affirmez donc que l'Empire est libéral ?

R. — Oui ; j'affirme même qu'il l'est beaucoup plus qu'aucun des autres gouvernements français.

D. — Expliquez votre pensée, qui, sans commentaires, pourrait passer pour un paradoxe.

R. — On confond dans le langage usuel

deux choses essentiellement différentes : la liberté politique et la liberté effective.

D. —Donnez-nous des exemples de ces deux espèces de libertés.

D. — La liberté de la presse est une liberté politique ; la liberté de fabriquer, de vendre, d'échanger ses produits à sa guise est une liberté effective ; la liberté laissée au Parlement de gouverner souverainement le pays est une liberté politique ; la possibilité de pratiquer sans entraves la religion qu'on préfère est une liberté effective. Il y a entre ces deux natures de liberté toute la différence que l'on voit entre le moyen et le résultat. Avec la presse et la tribune absolument souveraines, on peut obtenir des libertés ; on peut aussi n'en pas obtenir ; ce sont des instruments qui seront nuisibles ou utiles selon les cas et l'usage qu'on en fera ; ce n'est pas la liberté elle-même. La France est le pays assurément le plus riche de la terre en libertés effectives ou réelles.

D. — Quel serait donc, suivant vous, l'idéal de la liberté pour un peuple comme la France?

R. — Quand un peuple en est arrivé à rendre libres le travail et la conscience, quand la personne et la propriété sont respectées, quand l'impôt et les charges publiques sont votés par la nation, quand ces grands et premiers besoins sont satisfaits et garantis aussi bien par les mœurs que par la loi, la liberté doit s'entendre de l'ensemble des mesures qui favorisent le plus rapidement, pour le grand nombre, le passage de la misère à l'aisance.

La pire des servitudes pour le peuple, c'est la misère : la suprême liberté, c'est l'aisance ; sous l'étreinte de la misère, l'homme se rapproche de la brute, avec son ignorance et ses mauvais instincts ; il ne développe ses qualités que dans un milieu qui lui assure, ainsi qu'à sa famille, la possibilité de vivre ; or, c'est une tradition impériale que la sollicitude la plus active en faveur du malheureux, et il n'est pas d'époque de sa vie, depuis son berceau jusqu'à son cercueil, qui n'ait été l'objet de nombreuses dispositions législatives pendant le dernier règne. Il faut ajouter qu'une grande prospérité industrielle et commerciale permettait toutes les améliorations à un régime qui les recherchait toutes.

D. — Il semble que vous restreignez beaucoup l'idée de liberté ?

R. — Je dis ce que je crois être la vérité. Un régime despotique en apparence peut être et est généralement beaucoup plus libéral qu'une République ; un souverain, en France, est beaucoup moins exclusif qu'une Assemblée politique. Quand c'est une Convention qui règne, il faut s'attendre à la pire des tyrannies, la tyrannie impersonnelle et à responsabilité divisée; quand c'est un Parlement, les libertés politiques abondent, mais les libertés effectives sont rares.

Il n'y a de despotisme que chez les peuples où la condition du citoyen n'est pas réglée par la loi; la vraie liberté de la France et celle d'une partie du monde civilisé, c'est le Code Napoléon.

La Légende Napoléonienne

D. — Je vois que vous comptez toujours sur la tradition impériale, autrement dit, sur la légende Napoléonienne.

R. — Oui.

D. — Cette légende ne vous paraît-elle pas fort ternie par les derniers événements?

R. — Sedan n'y a pas plus fait que Waterloo, et si on avait consulté le peuple au 20 juin 1815 et au 5 septembre 1870, il aurait acclamé l'Empereur; il l'aurait fait autant par affection persistante pour le prince, que par une juste intuition des dangers que fait courir au pays une révolution politique.

D. — C'est une opinion bien hardie !

R. — Reprochez cette hardiesse à nos adversaires, qui n'auraient pas manqué de faire appel à la nation s'ils avaient espéré d'elle une réponse favorable à leurs desseins.

— **D.** — La mort de l'Empereur n'ôte-t-elle rien à vos espérances ?

R. — Non ; car un parti n'a pas que son prince, il a son passé, son principe et son personnel ; il y aura encore des légitimistes après Monseigneur de Chambord, des parlementaires après les princes d'Orléans, et des républicains après MM. Thiers et Gambetta.
— Or, le passé, la doctrine et le personnel de l'Empire sont encore debout ;

Son passé, bonheur et malheur compris, ne craint aucune comparaison ; sa doctrine est plus rassurante pour l'ordre qu'aucune autre doctrine, et son personnel est classé dans l'esprit des populations comme égal ou supérieur à tous les autres personnels connus.

En définitive, cette fameuse légende Napoléonienne, dégagée de tous ses nuages, se réduit à une simple comparaison.

Le jeune Empereur

D. — A supposer que la mort de l'Empereur ne porte pas atteinte à la doctrine impériale, n'estimez-vous pas qu'une main virile et expérimentée est plus indispensable sous cette forme de gouvernement que sous toute autre, et que, par suite, l'âge du jeune Empereur soit un obstacle à la réalisation prochaine de vos vœux ?

R. — Si l'Empereur était mort aux Tuileries, personne n'aurait vu de difficultés à l'avènement de son fils.

La Constitution impériale est, d'ailleurs, la forme politique qui se prête le mieux en France à être maniée par le premier venu ; contrairement à une idée fort répandue, la Constitution de 1852, qu'il a fallu, il est vrai, de grands efforts pour rétablir, suffit presque seule au gouvernement de la société. C'est une machine très perfectionnée que le doigt d'un enfant peut mettre en mouvement.

D. — Donnez-moi une preuve de ce que vous avancez ?

R. — Supposez que le cours des circonstances amène le peuple à se prononcer, et que son vote soit, ou même paraisse devoir être favorable au régime impérial, la force de sa constitution est telle qu'avant même que le prince soit rentré en France, avant qu'un décret signé de sa main ait paru à l'*Officiel*, tous les grands résultats que les partisans de l'Empire attendent de ce régime leur seront acquis. Ainsi, il est certain que la presse hostile et violente disparaîtra d'elle-même ; ainsi s'éloigneront de la scène politique tous les acteurs et comparses de l'affreux drame du 4 septembre ; ainsi l'Europe saluera avec empressement le réveil de la France monarchique ; ainsi, tous les conservateurs du pays s'empresseront autour des préfets, sous-préfets, maires, conseillers généraux et municipaux jetés à bas de leurs siéges par le flot révolutionnaire.

Si l'approche de la Constitution impériale produit de tels effets, il est impossible de lui dénier le caractère spécial que nous lui reconnaissons, de suffire au gouvernement de notre société.

D. — Ainsi, le prince qui met en mouvement cette constitution n'a pas besoin d'être un homme *à poigne* ?

R. — Non-seulement la *poigne* n'est pas nécessaire, mais elle serait ici tout à fait déplacée ; le prince au profit de qui fonctionne un instrument de cette force et de cette précision n'a jamais besoin d'user de sévérité : son rôle presque constant se borne à ne laisser voir que le côté gracieux de son pouvoir, la grosse et rude besogne étant faite par la machine elle-même. — Au surplus, une constitution qui nécessite un grand homme est une mauvaise constitution, et ce fut un malheur et non une chance pour la France que l'établissement politique de l'an VIII ait été manié par un bras aussi démesurément puissant que celui de Napoléon Ier; il n'est pas de machines qui résistent à de pareilles pressions : elles sont faussées et cassées avant d'avoir produit tous leurs bons effets.

L'Empire et l'Europe

D. — Vous venez de dire que l'Europe accueillerait avec joie le retour de l'Empire ; qui vous le fait croire ?

R. — L'Europe a besoin de la France, et tant que nous n'aurons pas de gouvernement définitif, la France n'existera pas pour le concert européen. L'attitude de l'Europe devant le cercueil de Napoléon III est une preuve significative de ses sentiments.

D. — Il ne faut peut-être voir là que des regrets officiels ?

R. — Ce serait une erreur : l'étiquette monarchique a des règles rigoureuses et une signification précise. L'Europe s'est fait représenter aux obsèques d'un souverain qu'elle regardait comme légitime. Ce fait a une importance d'autant plus grande que cette même Europe a tenu à ne manifester aucune émotion à la mort de Napoléon Ier.

D. — Attendez-vous quelques secours de cette manifestation ?

R. — Non ; parce que nous refuserions les secours de l'étranger, quand bien même nous en aurions besoin, et que les sympathies populaires nous suffisent.

D. — Si ce n'est pas un secours matériel, vous admettez sans doute qu'il y a là au moins un aide moral ?

R. — Oui, et nous acceptons de grand cœur les marques de sympathie données à notre cause par l'Europe conservatrice. Cela prouve que nous sommes appréciés comme nous désirons l'être, je veux dire comme les représentants les plus accrédités, en France, des intérêts conservateurs.

TABLE

Paris. — Imprimerie Alcan-Lévy, 61, rue de Lafayette.